Activity Book

¿Ya Te Vas?
SPANISH READING KEYS

Dolores Rose Amato

Rogelio López del Bosque

Bilingual/Bicultural Consultants:
Joe Lucero, Ph.D., Bilingual/Bicultural/ESL/Multicultural Coordinator,
Orange County Department of Education, Orange County, California
Elfida Salinas Johnson, Bilingual Materials Specialist, Port Houston
Bilingual Center, Houston Independent School District, Houston, Texas
Andrés R. Montez, Education Program Specialist, Right to Read Program,
U.S. Office of Education, Washington, D.C.
José A. Jiménez, Bilingual Education Specialist, Camden City Schools,
Camden, New Jersey

The Economy Company
Oklahoma City   Indianapolis   Orange, CA

Illustrations by Murray McKeehan

This material was edited by Andrés R. Montez in his private capacity.
No official support or endorsement by the U.S. Office of Education is
intended or should be inferred.

The Economy Company
1901 North Walnut
Oklahoma City, Oklahoma 73125

ISBN 0-87892-063-3

el	la

_____
- - - - - - - - calle

_____
- - - - - - - - cielo

_____
- - - - - - - - campo

_____
- - - - - - - - pelota

_____
- - - - - - - - bicicleta

_____
- - - - - - - - lugar

su	sus

_____
- - - - - - - - casa

_____
- - - - - - - - colores

_____
- - - - - - - - amigos

_____
- - - - - - - - bates

_____
- - - - - - - - canción

_____
- - - - - - - - mecate

1

1. Él mira este _____ rojo.   carro   carros

2. Le escribo a mi _____ .   amigo   amigos

3. El cielo tiene muchas _____ .   estrella   estrellas

4. Miren todos los _____ .   color   colores

5. El animal está en una _____ .   jaula   jaulas

6. La biblioteca también tiene _____ .   disco   discos

7. Este libro tiene muchos _____ .   cuento   cuentos

cuento   ñandú   conejo

foca   estrella   nube

sol   disco   libro

parque zoológico	cielo	biblioteca

1. Todos los pájaros que están en el cielo son azules.

2. Uno de los pájaros que está en el árbol es rojo.

3. Cada pájaro que se baña es amarillo.

4. ¿De qué color es cada pájaro en este dibujo?

gato

pájaro

1. Tiene más de dos patas.

2. Vive en un árbol.

3. Es como un tigre chico.

4. Se mueve en el cielo.

5. Tiene alas.

Juego con un bate de béisbol y una pelota.

El lugar donde juego se llama El Astrodome.

Los niños me piden libros.

Yo sé dónde están todos los libros.

Mira la forma en la lona.

Es una pintura de mi perro.

Mi pintura

Un pato se baña en el parque. Hay dos árboles cerca del pato.

Una nube blanca y el sol amarillo están en el cielo azul.

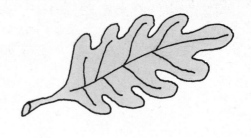

g h

___elado

___orita

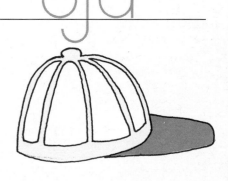

___oja

__allina

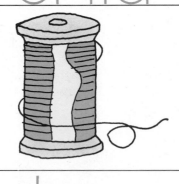

__ilo

__orro

☐ Los árboles tienen hojas verdes en la primavera.

☐ En el verano los niños van al parque zoológico.

☐ Muchos niños van a la escuela en el otoño.

☐ En el invierno hay mucha nieve.

en el cielo   en los árboles

por la noche   por la mañana

¿Cuándo duermen muchos de los niños?

_____

- -

_____

¿Dónde están las estrellas?

_____

- -

_____

¿Cuándo van a la escuela los niños?

_____

- -

_____

¿Dónde están las hojas?

_____

- -

_____

por la tarde   cerca de la mesa

en la mano   en las patas

¿Dónde están los patines?

_____

- - - - - - - - - - - - - - - - -

_____

¿Cuándo se pasean los niños en sus bicicletas?

_____

- - - - - - - - - - - - - - - - -

_____

¿Dónde está la silla?

_____

- - - - - - - - - - - - - - - - -

_____

¿Dónde está su sombrero?

_____

- - - - - - - - - - - - - - - - -

_____

11

Julia tiene dos _____. A Julia

le _____ los gatos. Ella anda a

la _____. Los gatos _____ con

Julia. Los gatos _____ toda

la _____. Juegan por la _____.

| mañana |
| gustan |
| escuela |
| gatos |
| van |
| tarde |
| duermen |

autobús	bicicleta	carro	disco
elefante	foca	gato	hoja
iguana	jaula	kiosco	libro

Me gusta jugar en la nieve.

Me gusta jugar pero no tengo amigo.

¿Dónde está el sol?

Miren el carro. ¿Dónde está la pelota?

Me gusta este cuento.

Tengo una flor en la mano.

_____

- -

Estas _____ son para Alicia.

El vive en la ciudad de Houston.

_____

- -

Los Ángeles y Santa Fe son _____

Este conejo es un animal de magia.

_____

- -

Miren todos los _____ en el parque zoológico.

El árbol crece muy alto.

_____

- -

Hay muchos _____ grandes en el campo.

calle cuándo contigo	baila buenos baña	tres toca también
primavera pintura pasean	lugar listos lado	especial escuela estrella
afuera otoño hojas	vienen verano verde	música álbum amor
tarjeta trabajar tarde	sonrisa sábado sonríen	recreo ramas rueda

felices	pongo	anda
forma	postal	abren
flores	preparar	afuera
caer	disco	pelota
cómo	día	primavera
corre	dura	patines
caballo	guitarra	música
caliente	gato	mañana
cantan	gustan	invierno
cómo	cuentos	duermen
cada	carro	duendes
campo	carrusel	día

g   h

ge   ga   ha

ha   ga   he

hi   ge   he

han   gan   gon

ho   go   ha

gor   gar   hor

güi   gui

güi   gui

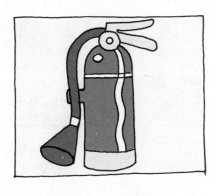

güi   gui

güe   gue

güe   gue

güi   gui

cada

ca/da

gato

corrí

sonrisa

primero

morado

patines

música

están

lado

Los niños abren sus libros.

Hay muchos libros en mi casa.

El caballo café corre en el bosque.

Miren el caballo café y blanco.

En el verano veo muchas flores y hojas.

En el verano hay muchas hojas en los árboles.

Voy a la biblioteca el sábado.

El sábado es mi día favorito.

con   a   en   del   al

Ella anda _____ su casa.

El rey vive _____ Yolillo.

Ella visita el patio de recreo _____ su amigo.

Miren la sonrisa _____ conejo.

Los duendes son felices _____ fin del cuento.

_____ Habla con su amigo el gigante.

_____ Un día un duende anda por un camino.

_____ Va al castillo grande.

_____ ¿Qué ve al fin del camino?

_____ Él mira las flores.

_____ Él visita un lugar cerca del río.

_____ Él se pasea en una nube blanca.

_____ Él va al bosque de árboles altos.

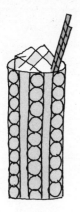

caliente o frío

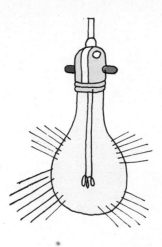

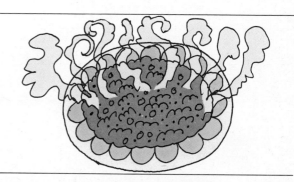

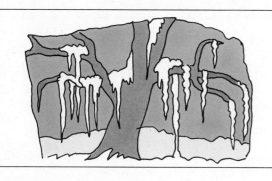

A B Ch D

F H K

L M N

Q S

W Y

30

a   c   d

f   h   k

ll   ñ   o

p   r   s

v   y

_____ Los conejos abren la puerta.

_____ Les gusta hablar de la nieve.

_____ El zorro visita a sus amigos.

_____ El zorro les dice buenas noches a sus amigos.

Yo soy fuerte.

Yo soy grande.

Los niños me abren.

¿Qué soy yo?

una guitarra

un camino

una puerta

Yo soy alto.

Yo soy color café.

Hay muchas hojas

en mis ramas.

¿Qué soy yo?

un castillo

un árbol

una flor

Yo soy suave.

Yo soy un animal.

Me gusta jugar.

¿Qué soy yo?

un conejo

un carro

un pájaro

Tengo cuatro ruedas.

Voy de un lugar

a otro.

¿Qué soy?

una pintura

una bicicleta

un carro

prepara   pido   visita   habla   esconde   vive

_____

- - - - - - - - - - - - - - - -

Él _____ con los niños.

_____

- - - - - - - - - - - - - - - - -

El payaso se _____ para el circo.

_____

- - - - - - - - - - - - - - - -

David _____ a su amigo en la ciudad.

_____

- - - - - - - - - - - - - - - - -

El ñandú _____ la cabeza.

_____

- - - - - - - - - - - - -

El león _____ en una selva.

_____

- - - - - - - - - - - - -

Yo _____ una soda fría.

felices   cantan   abren   contigo   especial   amarillo

baila   duermen   enero   dura   fin   bailar

día _____

noche _____

grande _____

chico _____

alta _____

baja _____

caliente _____

frío _____

suave _____

duro _____

verano _____

invierno _____

X   ¿Cuál brinca?

O   ¿Cuál crece?

¿Cuál es rápido?

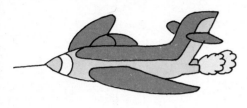  

¿Cuál es muy fuerte?

¿Cuál es muy suave?

 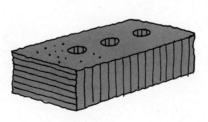 

árbol

estrella

béisbol

flor

castillo

gigante

disco

hojas

1. Un rey vive en este lugar grande. _____

2. Él es muy alto y grande. _____

3. Se juega con un bate y una pelota. _____

4. Tiene muchas hojas. _____

5. Cuando lo tocan, se oye música. _____

6. Son verdes en el verano. _____

7. Brilla en el cielo. _____

8. La rosa es una de éstas. _____

parte	río	parque
primavera	rey	perdido
prepara	día	paseo

1

sueño	brillo	feliz
sabe	baja	frío
sueña	buen	felices

2

cebra	gigante	platica
circo	gente	pero
caer	grillo	por

3

camino	estoy	río
castillo	ella	rápido
cree	escuela	Rafael

4

tigre	debajo	cabeza
tenemos	día	camino
tengo	dura	castillo

1

cebra	monstruo	brillo
zorro	mañana	bien
salto	muchos	bosque

2

guitarra	lejos	parte
grillo	libros	perdido
grande	le	pintura

3

vive	circo	me pasa
volver	salto	se pone
Gina	sabe	se para

4

k   y   z

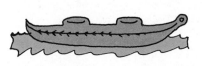

44

ce   ci   gr   br

45

 La araña es pequeña.

El clima es frío.

 El grillo brinca a la hoja alta.

El conejo da un salto.

 Pido una soda.

Pido una flor.

 Los niños duermen.

Los niños se sonríen.

 ¿Cuál es frío?

¿Cuál es caliente?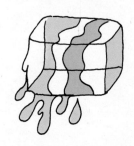

46

Gina visita su lugar favorito. Hay
caballos, elefantes y osos. Los
animales bailan. También hay muchos
payasos. Los payasos se sonríen.
¿Dónde está Gina?

en la casa

en el circo

en el bosque

Los duendes abren los ojos. Cantan
una canción. El sol brilla. Es un
día nuevo. ¿Qué parte del día es?

la tarde

la noche

la mañana

de	del

_____

- - - - - - - - - -

1. Éste es un álbum _____ retratos.

_____

- - - - - - - - -

2. Los niños salen _____ parque de recreo.

_____

- - - - - - - - -

3. Los animales salen _____ bosque.

los	las

_____   _____

- - - - - - - - -   - - - - - - - - -

1. Oigo _____ sonidos de _____ niños.

_____

- - - - - - - - -

2. _____ payasos son parte del circo.

_____

- - - - - - - - -

3. En el otoño _____ hojas se caen de los árboles.

48

esta	este

_____

- - - - - - - - - - - - - - - - - -

1. _____ cuento es de un perro.

_____

- - - - - - - - - - - - - - - - - -

2. A mi amigo le gusta _____ pintura.

_____

- - - - - - - - - - - - - - - -

3. _____ sombrero me cubre la cabeza.

un	una

_____

- - - - - - - - - - - - - - - -

1. Mi mamá toca _____ guitarra.

_____

- - - - - - - - - - - - - -

2. _____ león vive en el parque zoológico.

_____

- - - - - - - - - - - - - -

3. La niña tiene _____ pelota de fútbol.

Yo visito   brinca muy lejos.

Mi amigo   el mercado.

El grillo   frío afuera.

Hace mucho   canta una canción.

Yo abro   bailan en la fiesta.

Los niños   la ventana.

Los duendes   sueñan con los niños.

felices   perdido   fría

1. Los duendes cantan y trabajan.
Trabajan mucho. Les gusta

_____

- - - - - - - - - - - - - - - - -

chiflar y bailar. Están _____.

2. El zorro anda por el camino.
Su casa está muy lejos. Levanta
la cabeza muy despacio y llora.

_____

- - - - - - - - - - - - - - - - -

El zorro está _____.

3. La nieve brilla. Yo pongo
la mano en la nieve. Mira esta
bola de nieve. La bola de nieve

_____

- - - - - - - - - - - - - - - - -

en la mano está _____.

La niña está al lado de su _____.
hermano   hermana

Vienen del _____.
mercado   circo

Miran el _____ donde viven.
calle   apartamento

Hay _____ en todas las ventanas.
animales   plantas

El perro _____ a ver a los niños.
anda   corre

1. una biblioteca   3. los pájaros

2. las hojas   4. los animales

5. un apartamento

1. Se caen de los árboles en el otoño. ☐

2. A los niños les gusta leer en este lugar. ☐

3. Mucha gente vive aquí. ☐

4. Por la noche duermen en el bosque. ☐

5. Cantan durante la primavera. ☐

Mi casa está en el campo. Vivo

en una casa grande y amarilla. ¿Dónde

está la casa amarilla? ☐ Todas las

mañanas ando afuera con mi caballo.

¿Dónde estoy? ☐ Veo los gatos que

duermen debajo del árbol. ¿Dónde están

los gatos? ☐ Mira el pato que

está en el río. ¿Dónde está el pato? ☐

1. Esta bicicleta es roja.
   Tiene dos llantas grandes.

2. Esta cosa es amarilla.
   Tiene tres llantas.

3. El payaso tiene una sonrisa.
   Tiene una nariz negra y
   un sombrero verde.

4. El payaso no tiene una sonrisa.
   Tiene una nariz roja y
   el pelo rojo.

Éste	Éstas

_____
- - - - - - - - - - - - - - - - -
1. _____ es mi sombrero.

_____
- - - - - - - - - - - - - - - -
2. _____ son unas escaleras.

_____
- - - - - - - - - - - - - - - -
3. _____ es mi hermano.

1. Llevo mi saco porque   tengo un amigo.

2. Voy a la escuela   todos los días.

3. Estoy contento porque   hace mucho frío.

60

$$\boxed{\text{patio} + \text{s} = \text{patios}}$$

payaso   payasos

_____

- -

1. Todos los _____ bailan.

_____

- -

2. Miren el _____ que sonríe.

día   días

_____

- -

3. Ando a la escuela cada _____.

_____

- -

4. El sol brilla por muchos _____.

planta   plantas

_____

- -

5. Hay muchas _____ en el mercado.

_____

- -

6. Esta _____ es muy alta.

arbol	que	estan
se	corri	dia
frio	cafe	musica
rapido	tu	rio
sonrie	si	cancion
leon	sabado	pajaro

El bosque		El mercado

_____

- -

_____

Hoy visité un lugar donde hay
muchas plantas. Compré cinco plantas.
Son altas y verdes. Me gusta tener muchas
plantas en mi casa.

El circo		Patio de recreo

_____

- -

_____

A todos los animales les gusta
trabajar. Trabajan por la noche.
Los niños miran estos
animales. Los animales bailan en un
circo. Los niños se ponen muy felices
cuando ven a los animales en el circo.

◯		X	
teléfono	pájaro	caballo	sombrero
conejo	árbol	oso	bicicleta
autobús	pato	saco	elefante

O   E   C   M   H   F

1. El cinco de mayo es un día muy especial

      _____

      - - - - - - - -

  para la gente de _____ éxico.

_____

- - - - - - - -

2. _____ ay mucha gente

    _____

    - - - - - - -

  en la _____ lorida.

_____   _____

- - - - - - -   - - - - - - -

3. _____ l mercado en la calle _____ lvera

  está cerca de mi apartamento.

_____

- - - - - - - -

4. _____ antan una canción para

  los niños.

 1

 2

 _____

 _____

 _____

 _____

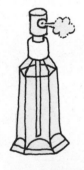 _____

 _____

 _____

 _____

66

caballos

_____

- - - - - - - - - - - - - - - -

_____

canastas

_____

- - - - - - - - - - - - - - - -

_____

escaleras

_____

- - - - - - - - - - - - - - - -

_____

toronjas

_____

- - - - - - - - - - - - - - - -

_____

chicos

_____

- - - - - - - - - - - - - - - -

_____

naranjas

_____

- - - - - - - - - - - - - - - -

_____

escuelas

_____

- - - - - - - - - - - - - - - -

_____

amigos

_____

- - - - - - - - - - - - - - - -

_____

parques

_____

- - - - - - - - - - - - - - - -

_____

casas

_____

- - - - - - - - - - - - - - - -

_____

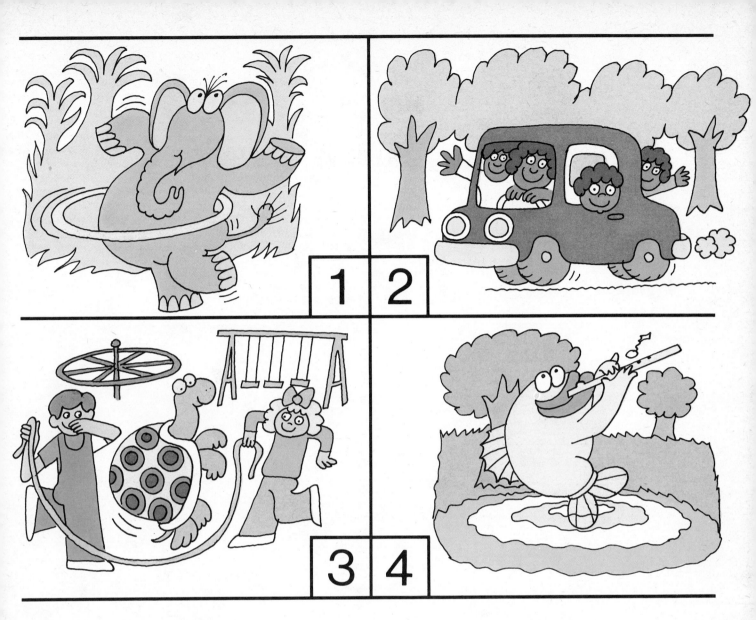

Verdadero   No verdadero

familia   la   mesa   comida   a   vienen   señora

fruta   mucho   en   hay   comer   tienen   se pone

cerca

lejos

escuela

casa

juan es mi amigo

miren los edificios

el pato tiene dos patas

el autobús es grande

tengo un gato blanco

Hoy	Mañana

_____

- - - - - - - - - - -

_____

_____

- - - - - - - - - - -

_____

_____

- - - - - - - - - - -

_____

_____

- - - - - - - - - - -

_____

_____

- - - - - - - - - - -

_____

_____

- - - - - - - - - - -

_____

74

_____

- - - - - - - - - - - - - - - - - - - -

_____

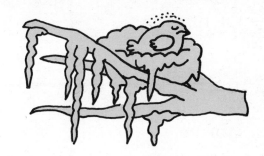

_____

- - - - - - - - - - - - - - - - - - - -

_____

_____

- - - - - - - - - - - - - - - - - - - -

_____

_____

- - - - - - - - - - - - - - - - - - - -

_____

_____

- - - - - - - - - - - - - - - - - - - -

_____

_____

- - - - - - - - - - - - - - - - - - - -

_____

regalos	flores	quieres
rápido	felices	que
río	futuro	quieto

1

abren	frío	tres
arriba	fiesta	tarde
afuera	familia	tren

2

básquetbol	camino	escaleras
buenos	centro	espera
bosque	cebra	escuela

3

patines	edificios	parte
preparar	estoy	piñata
plazas	entonces	payasos

4

chicos	canción	viven
celebra	cinco	ventana
circo	ciudad	visito

5

canastas	salto	febrero
castillo	supermercado	fábrica
cabeza	sonríen	familia
1		
fruta	enero	otros
foca	ella	ocho
forma	está	osos
2		
porque	planta	habla
patios de recreo	perdido	hoja
parque de recreo	platicar	hermano
3		
volver	mercado	tiempo
visito	mucho	trajes
viene	mañana	trabajan
4		
caballos	dijo	compro
camiones	dulces	hablo
comprar	dura	cena
5		

_____

- - - - - - - - - - -

_____

_____

- - - - - - - - - - -

_____

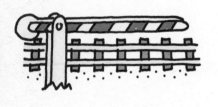

_____

- - - - - - - - - - -

_____

78

fl   bl   pl

¡Un buen día!

Por la mañana los niños sueñan con tener un buen día. Primero van a la escuela. Llevan sus libros a la escuela. A los niños les gusta estudiar en la escuela.

Por la tarde van al patio de recreo. Se pasean en los caballos. Los caballos son para los niños chicos. Los caballos pasean a los niños.

Por la noche los niños vienen a la casa. Todos están muy felices. Les gusta ir a la escuela por la mañana y al patio de recreo por la tarde.

¿Cuándo van a la escuela los niños?

por la tarde   por la mañana   por la noche

¿Qué llevan a la escuela los niños?

sus flores   sus patines   sus libros

¿Qué les gusta a los niños?

el patio de recreo   la canción   la magia

_____ Los niños se pasean en los caballos.

_____ Por la tarde van al patio de recreo.

_____ Primero van a la escuela.

_____ Los niños vienen a la casa.

pido	sí
tren	pata
mi	ando
plaza	alto
salto	grillo
cuando	Sa Sa
pato	nido
gata	ven
brillo	gato

¿Adónde van los niños
con el bate y la pelota?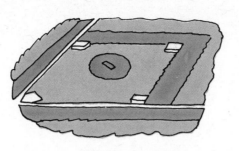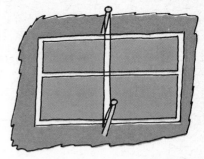

¿Cuál de estas cosas hace
música?

¿Adónde va David en
su bicicleta?

¿Qué te gusta hacer
cuando hace calor?

83

1. Me gusta andar por la mañana por la
   tarde y por la noche

2. Los elefantes los tigres y los leones
   son animales que están en el parque zoológico

3. La jirafa tiene un pescuezo grande
   largo y chistoso

4. Esta ciudad tiene muchos edificios
   muchas casas y muchos supermercados

5. En la fiesta hay muchas flores
   pasteles y sodas

c sa   r do

f mos   j la

tobús   h da

c dar   n ta

1. A mucha gente le gusta
   la fruta fría

2. Los niños hacen flores de papel

3. Cuál cuento te gusta

4. Por qué se pasean los niños
   en el carrusel

5. Compro comida para la cena

6. Qué día van ellos al parque

El mercado está en el centro de la
ciudad

_____

- -

_____

- -

_____

- -

_____

Cómo se llama tu escuela

_____

- -

_____

_____

- -

_____

1. ¿A qué lugar te gusta
   ir con tus amigos?

   Son las cinco
   y media.

2. ¿Qué hora es?

   El rey canta
   porque está feliz.

3. ¿Qué animal corre
   muy rápido?

   Nos gusta ir
   al patio de recreo.

4. ¿Cuándo llevan los niños
   sus sacos?

   El zorro corre
   muy rápido.

5. ¿Por qué canta una
   canción el rey Rafael?

   Los niños llevan sus
   sacos en el invierno.

Éste es mí retrato.

Tengo dos años.

Éste es mí retrato.

Tengo cuatro años.

Éste es mí retrato hoy.

feliz   roja   grande   verdes   buena

_____

- - - - - - - - - - - - - - -

1. La escuela es _____.

_____

- - - - - - - - - - - - - - -

2. Ellos viven en una casa _____.

_____

- - - - - - - - - - - - - - -

3. Los árboles son _____.

_____

- - - - - - - - - - - - - - -

4. La fruta es _____ para comer.

_____

- - - - - - - - - - - - - - -

5. La niña está _____.

El dragón

triste   está   feliz   pájaro   amigo   juegan

1. Una ciudad grande

2. La fiesta

3. El teléfono

4. Parques

New York es una ciudad con muchos apartamentos y muchos edificios. Hay muchos autobuses y carros que corren por las calles. Hay gente en muchos lugares.

A Paula y a Luisa les gusta hablar por teléfono todos los días. Paula habla de su visita al circo. A Luisa le gusta oír a Paula cuando habla de los payasos.

Mucha gente va al parque cada año. En unos parques hay muchos animales en jaulas. En otros parques hay muchos niños que juegan.

La gente de México celebra el cinco de mayo. Preparan mucha comida para este día. Les gusta bailar y oír la música.

b___lar   t___tro

p___sano   b___te

r___z   m___z

c___rel   l___n

cumpl___ños   c___da

r___lidad   p___s

s	e	p	t	i	e	m	b	r	e	t	n
f	a	l	m	o	n	a	n	o	m	b	o
e	g	o	m	l	e	n	o	c	h	e	v
b	o	n	a	b	r	i	l	j	ll	d	i
r	s	e	y	o	o	c	t	u	b	r	e
e	t	a	o	t	rr	a	e	n	i	u	m
r	o	m	p	e	j	u	l	i	o	q	b
o	l	a	e	m	a	r	z	o	ch	a	r
s	a	l	d	i	c	i	e	m	b	r	e

enero

febrero

marzo

abril

mayo

junio

julio

agosto

septiembre

octubre

noviembre

diciembre

io   ea   ai   iu   au

Hay muchos edific_____s en la ciudad.

Hoy Melinda celebra su cumpl_____ños.

New York y Los Ángeles son c_____dades muy grandes.

Los niños b_____lan con la música.

Veo muchos carros y un _____tobús en la calle de la ciudad.

99

DULCES BUENOS
DOBLA
RÁPIDO

_____

- -

1. Luis _____ su papel.

_____

- -

2. Tina y Martino son _____ amigos.

_____

- - - - - - - - - - - - - - - - - - - -

3. Mi carro es muy _____.

_____

- - - - - - - - - - - - - - - - - - - -

4. Me gusta comer _____.

El cumpleaños

Hoy es el cumpleaños de Daniel. Éste es un día muy especial para él. Muchos amigos vienen con regalos y tarjetas de cumpleaños.

Dibuja un regalo muy especial para el cumpleaños de Daniel.

fútbol   mí   pastel   otoño   diciembre

_____

- -

1. El básquetbol y el _____ son juegos

que me gustan jugar.

_____

- -

2. A mi hermano y a _____ nos gusta

leer cuentos.

_____

- -

3. El _____ y el helado están en el

menú.

_____

- -

4. La primavera y el _____ me hacen

feliz.

_____

- -

5. Noviembre y _____ están al fin del

año.

1

2

3

4

5

6

7

8

9

cine	mesa	hora
circo	media	hoja
cinco	menú	hola

1

seca	máquina	se sientan
seco	máquinas	se extiende
secar	mañana	se suben

2

domingo	cuál	chicas
domingos	cuatro	Chicago
dónde	cuando	chicos

3

escribo	ventana	teléfono
entonces	vamos	tenemos
enero	van	tiempo

4

después dibuja debajo	papel pastel palo	después dicen días
1		
regalo retrato reloj	inglés instrucciones invierno	timbre tigre tienen
2		
miran mitad miren	comer como comen	levanta lean libros
3		
pastel parte paseo	Dolores dobla dónde	cumpleaños cuando cuento
4		

io   ai   ie   ui   ea   au   iu

 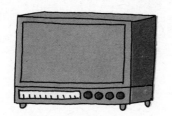  

- -

- -

   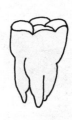

- -

io   ai   ie   ui   ea   au

_____

- - - - - - - - - - - - - - - - - - -

_____

- - - - - - - - - - - - - - - - - - -

_____

- - - - - - - - - - - - - - - - - - -

_____

- - - - - - - - - - - - - - - - - - -

_____

- - - - - - - - - - - - - - - - - - -

_____

- - - - - - - - - - - - - - - - - - -

_____

- - - - - - - - - - - - - - - - - - -

_____

- - - - - - - - - - - - - - - - - - -

_____

- - - - - - - - - - - - - - - - - - -

Muchos animales viven en el bosque. Les gusta
vivir afuera. En la primavera, las hojas de los
árboles son verdes. A los animales les gusta la primavera.

Por el día los animales salen afuera de sus casas por la comida.
Ponen la comida en sus casas.

Por la noche los animales preparan la cena.
Después de la cena los animales cantan unas canciones
y juegan. Están muy felices cuando cantan y juegan.

Animales en el bosque   Canciones y juegos   Los árboles verdes

¿Dónde viven los animales?

en el campo   en el bosque   en el árbol

¿Dónde está la comida?

en la biblioteca   afuera   debajo

¿Qué hacen los animales después de la cena?

cantan   trabajan   bailan